Wenn kleine
Schäfchen schlafen
gähn

Wenn kleine Schäfchen schlafen gähn

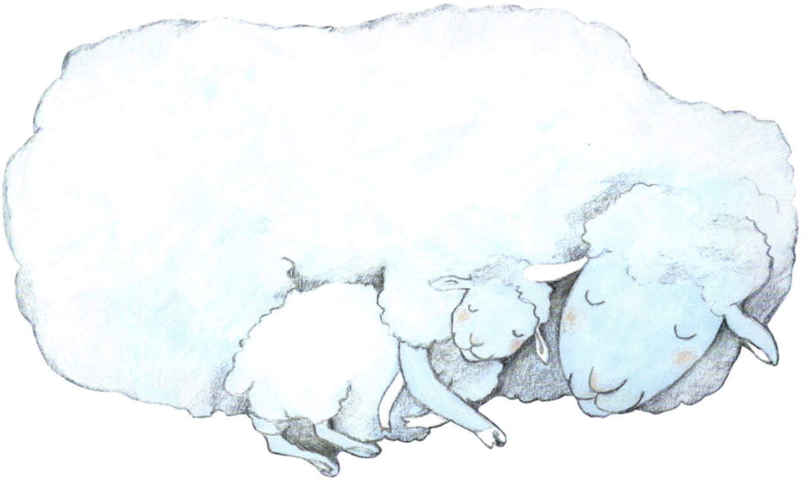

Über 30 Geschichten, Lieder und Gedichte von

Paul Maar, Günther Jakobs, James Krüss, Franziska Gehm u. a.

CARLSEN

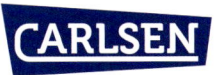

© 2019 Carlsen Verlag GmbH, 22765 Hamburg
Alle Rechte vorbehalten.
Coverillustration: Kerstin Meyer
Lektorat: Ellen Flath, Kiel
Gestaltung und Herstellung: Derya Yildirim
Lithografie: Buss & Gatermann, Hamburg
ISBN 978-3-551-5109-3-8
www.carlsen.de

Inhaltsübersicht

In meinem Kinderbett

Ein Gedicht von Paul Maar
mit Bildern von Kerstin Meyer

In meinem kleinen Kinderbett,
da schlief ein Elefant.
Ich rief: »Das ist ja gar nicht nett,
ein Elefant in meinem Bett!«
Da ist er weggerannt.

In meinem kleinen Kinderbett,
da schlief ein Vogel Strauß.
Ich rief: »Das ist ja gar nicht nett,
ein Vogel Strauß in meinem Bett!«
Da stieg er wieder raus.

In meinem kleinen Kinderbett,
da schlief ein dicker Biber.
Ich rief: »Das ist ja gar nicht nett,
ein Biber hier in meinem Bett!«
Da trollte er sich lieber.

In meinem kleinen Kinderbett,
da schliefen siebzehn Fliegen.
Ich rief: »Das ist ja gar nicht nett,
ein Fliegenschwarm in meinem Bett!«
Da sind sie rausgestiegen.

In meinem kleinen Kinderbett,
da schlief ein weiches Schaf.
Ich rief: »Das ist ja riesig nett,
ein weiches Schaf in meinem Bett!
Das wärmt mich, wenn ich schlaf.«

Das kleine Traumschäfchen

Eine Geschichte von Stefanie Kress
mit Bildern von Sigrid Leberer

Auf einer kleinen Wiese am Himmelszelt wohnen die Traumschäfchen. Jeden Abend springen sie über den Zaun, damit die Kinder auf der Erde sie zählen und dabei einschlafen können. Hops – und hops – gleiten Emma, Felix, Alma und Wolle über den Sternenhimmel. Nur das kleine Schäfchen Fini traut sich nicht: »Ich habe Angst!«, mäht es. »Ich könnte mir einen Huf umknicken. Oder mit meiner Wolle am Zaun hängen bleiben.« – »Ach, i wo«, flüstert da der alte, runde Mond. »Jedes Kind, das Schäfchen zählt, beschützt dich mit seinen Gedanken. Vertrau darauf.«
Da springt Fini mutig über den Zaun. Höher und weiter als alle anderen. Hast du an das kleine Traumschaf gedacht?

Gut gegähnt, Schäfchen

Ein Gedicht von Susanne Lütje
mit Bildern von Miriam Cordes

Bist du müde, mein Schäfchen?
Mach doch ein Schläfchen.
Von dem langen lauten Gähnen
laufen viele leise Tränen
über dein Gesicht.
Und schlafen magst du dennoch nicht?
Ich könnte dich ins Bettchen bringen
und dir ein kleines Schlaflied singen.
Dann sind wir beide froh.
Das Schlaflied? Das geht so:

Bist du müde, mein Schäfchen?
Mach doch ein Schläfchen.
Von dem langen lauten Gähnen
...

13

Schafskälte

Erzählt und illustriert von Stephan Pricken

Fünf Schafe stehen auf einem Deich und frieren. Da hat der dicke Udo eine Idee: »Ha«, sagt er, »wir stecken einfach unsere Köpfe in einen Maulwurfshügel. Da ist es nicht so windig. Schließlich ist der Kopf das Wichtigste bei einem Schaf.«

Nach einer halben Stunde zieht Schneeflocke ihren Kopf aus dem Boden und spuckt Erde ins Gras. »Saublöde Idee. Wie wäre es, wenn wir uns den Deich runterrollen lassen? Sich bewegen macht nämlich warm.«

Und so kugeln sie fröhlich los. »Aua! So ein Quark!«, mäht Paul, dem der

dicke Udo auf den Kopf gefallen ist. »Und kalt ist mir auch noch. Legen wir uns auf den Rücken. Das ist doch das Empfindlichste bei uns Schafen.«

Nun ist der Rücken zwar warm, allerdings bekommen die Schafe kalte Hufe. »Die blödeste Idee von allen!«, meckert Enne. Schon beginnt der schönste Streit. Am Ende drehen sich alle Schafe spinnefeind im Kreis den Rücken zu.

»Das ist aber kuschelig«, murmelt der dicke Udo. »Ja, ganz flauschigwarm«, stimmt Schneeflocke ein. »Und blaue Flecke holt man sich auch nicht«, sagt Paul und stupst Udo in die Seite.

»Schööön«, seufzen die Schafe und schlafen gemeinsam im Stehen ein.

Schlaf, Kindlein, schlaf!

Volkslied
mit Bildern von Liliane Oser

Schlaf, Kindlein, schlaf!
Der Vater hüt't die Schaf',
die Mutter schüttelt's Bäumelein,
da fällt herab ein Träumelein.
Schlaf, Kindlein, schlaf!

Schlaf, Kindlein, schlaf!
Am Himmel zieh'n die Schaf':
Die Sternlein sind die Lämmerlein,
der Mond, der ist das Schäferlein.
Schlaf, Kindlein, schlaf!

Schlaf, Kindlein, schlaf!
So schenk ich dir ein Schaf
mit einer gold'nen Schelle fein,
das soll dein Spielgeselle sein.
Schlaf, Kindlein, schlaf!

Schlaf, Kindlein, schlaf!
und blök nicht wie ein Schaf:
Sonst kommt des Schäfers Hündelein
und beißt mein böses Kindelein.
Schlaf, Kindlein, schlaf!

Schlaf, Kindlein, schlaf!
Geh fort und hüt die Schaf',
geh fort, du schwarzes Hündelein,
und weck mir nicht mein Kindelein!
Schlaf, Kindlein, schlaf!

Mein wunderbarer Schafsalon

Ein Gedicht von Dirk Reinhardt
mit Bildern von Laura Bischoff

Frau Blökmann ging zum Schafsfrisör,
das dicke Fell wurd ihr zu schwer.
Doch wollte sie's nicht einfach scheren,
nein, das würde ihr Herz beschweren.
Es sollte schön sein, wunderschön,
nach ihr sollt jeder sich umdrehn.

Sie wollt frisiert sein wie Eulalia,
das schönste Schaf von Oberafrika.
So saß sie nun voll Treu und Glaube
unter der großen Trockenhaube
und blätterte – di, dideldum! –
in ihrer Lieblingszeitschrift rum.

Dann kam der Meister Jacques daher,
der große Meister-Schafsfrisör.
Er schwang die Schere und den Kamm
und machte sich ans Fell heran.
Hier ein Löckchen, dort ein Kringel,
das war ein lust'ges Scher-Geklingel.

Frau Blökmann, die ist froh und glücklich,
diese Frisur ist ach so schmücklich!
Das muss sie ihrer Freundin zeigen,
oh, die wird neidisch sein – und schweigen.

Das Sandmännchen auf dem Bauernhof

Eine Geschichte von Annegret Hägele
mit Bildern von Sonja Egger

Draußen wird es langsam dunkel. Der Bauer hat seine Tiere alle in den Stall gebracht. Aber so richtig müde sind sie noch nicht. Nur ein paar Hühner schlafen schon. Da hat der kleine Esel eine Idee: »Wollt ihr noch ein schönes Gute-Nacht-Lied hören?« – »Bitte nicht«, rufen die Schafe. Doch zu spät: »Der Mond ist i-aah ... gegangen!«, schmettert das Eselchen. Vor lauter Schreck wachen die Hühner wieder auf. »Du singst das ganz falsch«, gackert Huhn Berta. Zum Glück kommt gerade das Sandmännchen vorbei.

Wie jeden Abend ist es von Haus zu Haus geflogen, um den Kindern schöne Träume zu bringen. Sein Säckchen mit dem Sternenstaub ist schon leer, aber das Sandmännchen hat heute auch seine kleine Flöte dabei. Auf der spielt es das Lied vom Mond. Diese Musik gefällt den Tieren und es kehrt endlich Ruhe im Stall ein.

Und als der Mond über den Himmel wandert und zum Fenster herein- schaut, schlafen alle tief und fest: die Hühner, die Schafe und auch der kleine Esel ...

Alle Tiere schlafen schon

*Ein Gedicht von Paul Maar
mit Bildern von Kerstin Meyer*

Ganz leise singt
die Mutter Schaf
ihr kleines Schäfchen
in den Schlaf.

Die kleinen Hasen
hier im Nest,
die sind ganz still.
Sie schlafen fest.

Das Kalb hat schon
die Augen zu.
»Schlaf gut, mein Kind«,
sagt Mama Kuh.

Die Fledermaus
war erst noch munter.
Jetzt schläft sie schon,
und zwar kopfunter.

Der Löwe ist
ein starkes Tier.
Doch auch ein Löwe
schläft wie wir.

Der Frosch steigt müde
aus dem Teich,
sagt leise »Quak«
und schläft sogleich.

Tiere schlafen gern im Stall
oder draußen, unter Bäumen.
Menschenkinder sind im Bett,
wenn sie schlafen und dann träumen.

23

Warme Wolle

*Ein Gedicht von Susanne Lütje
mit Bildern von Liliane Oser*

Es summen die Bienen, es brummen die Käfer.
Die Sommerluft flirrt in der Hitze.
Das Schaf lässt sich fallen und ruft nach dem Schäfer:
»Nun schau dir nur an, wie ich schwitze!
Ich möchte mich bei dir beschweren!
Wie soll ich mich dagegen wehren?«
Der Schäfer sagt: »Du lässt dich scheren.«

Das Schaf spinnt erleichtert die Wolle zum Faden.
»Jetzt zeige ich dir, wie man strickt!«,
erklärt es dem Schäfer. »Das kann ja nichts schaden«,
entgegnet der Schäfer und nickt.
Zwei rechts, zwei links, die Nadeln klicken
und alle, die zur Weide blicken,
die sehen beide fröhlich stricken.

Es wachsen die Pilze, es gurren die Tauben.
Das Herbstlaub strahlt bunt in der Sonne.
Die Pullis sind fertig! Ja, ist es zu glauben?
Das Schaf springt im Dreieck vor Wonne:
»Jetzt endlich geht's ans Anprobieren!
Und eines kann ich garantieren:
Mit Wolle wirst du niemals frieren!«

Eric, das Schaf

Erzählt und illustriert von Günther Jakobs

Als mal wieder alle Schafe auf der Weide grasten, machte Eric, das Schaf, etwas, das Schafe meistens nicht tun: Er betrachtete den Himmel. Lange schaute er auf die vorbeiziehenden Wolken und stutzte. »Was ist so weiß und flauschig und bewegt sich da am Himmel?«, dachte er. »Sind das fliegende Schafe? Ich will sie kennenlernen! Aber wie? Ich bin hier unten und die sind da oben.« Dann schaute Eric auf die Schafherde und hatte eine Idee: Er erzählte den anderen Schafen, was er vorhatte, und sie halfen ihm. Ein Schaf stieg auf das andere, ein weiteres obendrauf, und so weiter, bis sie zu einem riesigen Schafturm geworden waren. Zuallerletzt kletterte Eric Schaf für Schaf bis ganz nach oben. Nun war er den Wolkenschafen schon viel näher! Aber immer noch viel zu weit weg. Den untersten Schafen wurde die Last langsam zu schwer. Der Turm begann zu wanken und zu schwanken: Padam, pabum, padautz plumpsten alle Schafe herunter auf die Wiese. »Schade«, sagte Eric, »wir werden wohl nie zu den Wolkenschafen kommen. Aber das ist auch nicht schlimm, denn wir haben einen so großen Turm gebaut und hatten einen Riesenspaß!«

Alle Schafe machten »mäh!«.

Hummel-Hammel-Himmel

Ein Gedicht von Christiane Leesker
mit Bildern von Daniel Napp

Am Hals seine Bimmel
geht Hammel auf Bummel,
trifft eine Hummel.

Hummel, Hammel, Himmel, häh?
Bummel, Bammel, Bimmel, bäh.

Hummel hat Bammel
vor Wolken am Himmel.
Hat halt 'nen Fimmel.

Hummel, Hammel, Himmel, häh?
Bummel, Bammel, Bimmel, bäh.

»Ach Hummel, du Dummel,
nur flauschige Hammel
ziehn oben am Himmel!«

Hummel, Hammel, Himmel, häh?
Bummel, Bammel, Bimmel, bäh.

Da sieht's auch die Hummel!
Sagt Danke zum Hammel,
summt rauf in den Himmel.

Hummel, Hammel, Himmel, häh?
Bummel, Bammel, Bimmel, bäh.

Weißt du, wie viel Sternlein stehen?

Volkslied
mit Bildern von Liliane Oser

Weißt du, wie viel Sternlein stehen
An dem blauen Himmelszelt?
Weißt du, wie viel Wolken gehen
Weithin über alle Welt?
Gott der Herr hat sie gezählet,
Dass ihm auch nicht eines fehlet
An der ganzen großen Zahl,
An der ganzen großen Zahl.

Weißt du, wie viel Mücklein spielen
In der hellen Sommerglut?
Wie viel Fischlein auch sich kühlen
In der klaren Wasserflut?
Gott der Herr rief sie mit Namen,
Dass sie all' ins Leben kamen,
Dass sie nun so fröhlich sind.

Weißt du, wie viel Kinder frühe
Stehn aus ihren Bettchen auf,
Daß sie ohne Sorg' und Mühe
Fröhlich sind im Tageslauf?
Gott im Himmel hat an allen
Seine Lust, sein Wohlgefallen,
Kennt auch dich und hat dich lieb.

Paulchen büxt aus

Erzählt und illustriert von Tina Schulte

Wie jedes Jahr im Frühling werden auch heute die Schafe geschoren. »Ich will nicht!«, ruft Paulchen Schaf. »Da wird mir doch ganz kalt! Nee, nee, frieren mag ich nicht!«

Und als Bauer Friedel mit der Schermaschine in den Stall kommt, büxt Paulchen kurzerhand aus. Hopp, hopp, weg ist er! Mit Anlauf springt er über den Zaun, läuft über eine grüne Weide, umrundet einen Busch, genießt seine Freiheit und landet – platsch! – in einem Bach.

Brrr! Ist das kalt! Paulchen kann sich kaum über Wasser halten.

Und hätte ihn nicht der Bauer Friedel an den Zotteln an Land gezogen, wer weiß, was geworden wäre? So aber schimpft der Bauer nur ein bisschen, während er Paulchen mit einem Handtuch trocken rubbelt. »Scheren tut nicht weh«, erklärt Bauer Friedel. »Es ist wichtig, denn wenn es im Sommer heiß wird, wirst du unter deiner Wolle schwitzen. Und bis dahin leihe ich dir meinen Pullover, einverstanden?« Das ist eine gute Idee, findet Paulchen. Bauer Friedels Pulli ist ja so schick!

Wenn kleine Schäfchen schlafen gähn

Ein Gedicht von Marie Wolgast
mit Bildern von Kerstin Meyer

Wenn kleine Schäfchen schlafen gähn,
gibt's immer allerhand zu sehn
und noch so manches zu beachten.
Denn auch wenn ein, zwei Schäfchen dachten,
sie könnten sich vorm Schlafen drücken,
und schnell die Uhrzeiger verrücken,
so ist doch eines ganz gewiss:
dass es schon Schlafenszeit jetzt ist.

Wenn kleine Schäfchen schlafen gähn
gibt's immer allerhand zu sehn.
Sie traben nur noch froh und munter
den kurzen Weg zum Stall hinunter.
Dort angekommen, folgt erst mal
das abendliche Waschritual.
Zähne putzen, Locken kämmen,
da ist noch Dreck an deinen Händen!
Schnell rein jetzt in den Schlafanzug,
der ist so kuschlig, das tut gut.

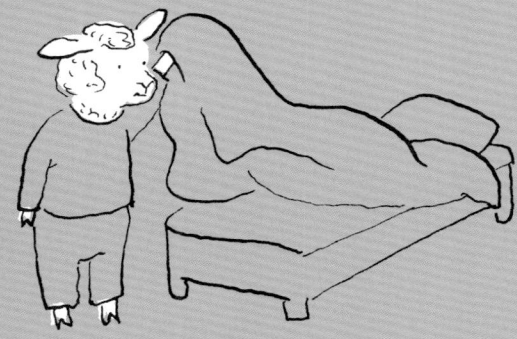

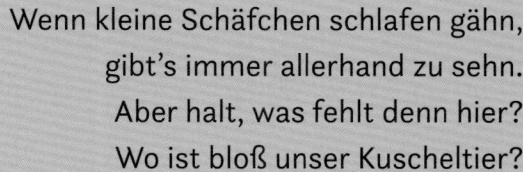

Wenn kleine Schäfchen schlafen gähn,
gibt's immer allerhand zu sehn.
Aber halt, was fehlt denn hier?
Wo ist bloß unser Kuscheltier?
Unter Kissen oder Decken,
wo kann es sich denn noch verstecken?
Endlich finden sie's im Bad,
wo es die ganze Zeit gelegen hat.
Da sind die Schäfchen wirklich froh –
und gehen rasch noch mal aufs Klo.

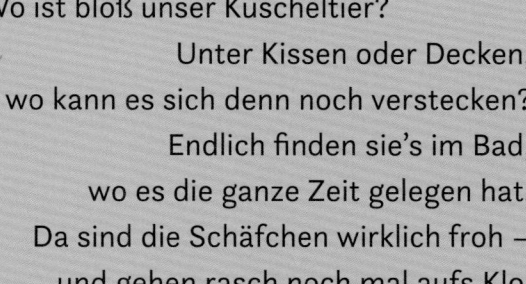

Wenn kleine Schäfchen schlafen gähn,
nach oben zu den Sternen sehn,
dann geben sie sich noch ein Küsschen
und noch eins auf die warmen Näschen,
sie gähnen laut und auch mal leise,
ein jedes gähnt auf seine Weise,
sie sind sehr glücklich und zufrieden
wie sie da in den Betten liegen.
Das ist so schön mit anzusehn,
wenn kleine Schäfchen schlafen gähn.

Ein Schäfchen kam im Mai daher

Ein Gedicht von James Krüss
mit Bildern von Miriam Cordes

Ein Schäfchen kam im Mai daher.
Da war ein Baum ganz weiß.
Da sprach das Schäfchen: Bitte sehr,
Ich wusste ja, das Jahr wird schwer.
Der Mai bringt Schnee und Eis!

Da kam ein gelber Falter an
Und lachte vor sich hin
Und sagte: Liebes Schäfchen, du,
Tritt bitte mal ganz nah herzu;
Doch schau auch richtig hin!

Und als das Schäfchen näher trat,
Da sah es in der Höh
Nun Blütenblatt an Blütenblatt.
Was es für Schnee gehalten hat,
War lauter Blütenschnee.

Wer ist das schönste Schäfchen?

Eine Geschichte von Annegret Hägele
mit Bildern von Sonja Egger

Ein langer Besuch bei den Kindern liegt hinter dem Sandmännchen. Jetzt will es endlich nach seinen Wolkenschäfchen sehen. Doch was ist das? Schon von Weitem kann es die Schäfchen hören.

Eines ruft: »Ich habe die dickste Wolle!« »Aber ich habe die größten Ohren!«, mäht ein anderes. Und ein drittes schreit: »Ich habe die längsten Wimpern!« Gerade will sich ein viertes Schäfchen einmischen: »Aber dafür ist mein Fell schneeweiß ...« Da ruft das Sandmännchen: »Was ist denn hier los?«

Das erste Schäfchen antwortet aufgeregt: »Wir wollen wissen, welches Schaf am schönsten ist!« »Ja, und ich bin das schönste von allen«, mäht das zweite. »Ach, meine lieben Schäfchen«, sagt das Sandmännchen da und lächelt. »Ihr seid alle die schönsten! Ein jedes von euch ist etwas ganz Besonderes.«

Jetzt sind die Schäfchen beruhigt. Das Sandmännchen streichelt jedem Schäfchen über den Kopf und streut noch etwas Sternenstaub aus. Dann ist aber auch für das Sandmännchen Schlafenszeit.

Gute Nacht, liebes Sandmännchen!

Ein Gespräch

*Ein Gedicht von Paul Maar
mit Bildern von Kerstin Meyer*

Ein Schaf, es fragt den Bauern:
»Was machst denn du?«
Der sagt: »Na, schau doch zu!
Ich säe.«

Der Bauer fragt das Schaf:
»Und was machst du?«
Das sagt: »Na, hör doch zu!
Ich mähe.«

Das kleine Schaf ist heute bockig

*Ein Gedicht von Susanne Lütje
mit Bildern von Liliane Oser*

Das kleine Schaf ist heute bockig.
Das Fahrrad ist zu klapprig.
Die Tafel ist zu kreidig.
Die Möhren sind zu lapprig.
Die Schere ist zu schneidig.
Die Strümpfe sind zu sockig.
Das kleine Schaf ist heute bockig.

Die Nase ist zu rotzig.
Die Kirschen sind zu kernig.
Der Bauklotz ist zu klotzig.
Der Himmel ist zu sternig.
Die Wolle ist zu lockig.
Das kleine Schaf ist heute bockig.

Das Rätsel ist zu schwierig.
Die Wäsche ist zu reinlich.
Die Seife ist zu schmierig.
Die Mütze ist zu peinlich.
Der Schneesturm ist zu flockig.
Das kleine Schaf ist heute bockig.

Schäfchen zählen

Eine Geschichte von Christa Kempter
mit Bildern von Sigrid Leberer

Jeden Abend steht Lea mit Opa am Fenster.
Sie will die Schäfchen auf der Weide zählen.
Opa hilft ihr beim Zählen:
Eins, zwei, drei, vier, fünf, sechs ...
Aber da fehlt doch eins! Wo ist das siebte Schäfchen?
Das allerkleinste?
Es hat sich verlaufen auf der großen Weide.
Mama Schaf sucht es schon.
Da kommt es endlich angerannt.
Opa und Lea fangen wieder an zu zählen:
Eins, zwei, drei, vier, fünf, sechs ...
»Sieben!«, ruft Lea.
Jetzt ist sie zufrieden und schlüpft schnell in ihr Bett.

Schlummerlied

*Ein Gedicht von Christian Morgenstern
mit Bildern von Miriam Cordes*

Schlaf, Kindlein, schlaf!
Es war einmal ein Schaf.
Das Schaf, das ward geschoren,
da hat das Schaf gefroren.

Da zog ein guter Mann
ihm seinen Mantel an.
Jetzt braucht's nicht mehr zu frieren,
kann froh herumspazieren.

Schlaf, Kindlein, schlaf!
Es war einmal ein Schaf.

Pistenschafe

*Eine Geschichte von Kristina Fransbach
mit Bildern von Cornelia Haas*

Nachts, wenn alle Skihasen schlafen, gehört die Piste Lilli und ihren Freunden, den Schafen. Klammheimlich stellen sie die Skilifte an, gondeln bergauf und düsen die Abhänge hinunter. Angst haben sie dabei übrigens nie, denn wenn sie mal fallen, landen sie ja weich. Also toben sie sich richtig aus: Sie springen von den höchsten Schanzen und brettern durch den tiefsten Tiefschnee – Lilli in ihrem super Schlittenbett immer voran.

Bevor die Sonne aufgeht, ruft Lilli ihre Freunde zusammen und sie fahren zum letzten Mal ins Tal. Schnell bringen die Schafe Lilli samt Bett nach Hause und verschwinden dann in ihrem Stall.

Tagsüber wundert sich der Hirte,
warum seine Schafe so langsam und
träge sind. Er denkt: »Das muss die
Wintersmüdigkeit sein.« Und so ahnt
bis heute kein Mensch, dass Schafe
so geniale Skifahrer sind.
Außer Lilli natürlich.

49

Wie zählt das Schaf sich in den Schlaf?

*Ein Gedicht von Susanne Lütje
mit Bildern von Simone Leiss-Bohn*

Der Tag war lang. Es ist fast Nacht.
Das kleine Schaf hat viel gemacht:
Es sprang und tobte hin und her,
jetzt ist es schlapp und kann nicht mehr.
»Es reicht«, murmelt das Schaf. »Genug.«
Und steigt in seinen Schlafanzug.
Es kuschelt sich ins Bett hinein,
schließt seine Augen und schläft ein ...
Ach nein! Halt, stopp! Erst kommt das Zählen!
Das Schaf muss noch die Tiere wählen.
 »Ach, welche nehm ich heute bloß?«,
 fragt sich das Schaf. »Ich weiß! Dann los:
 Da kommt ... wer kommt da? Eine Kuh!
 Ich mach die Augen wieder zu.
 Da kommen eins, zwei ... Katzen!
 Mein Rücken juckt – ich muss mich kratzen.
 Da kommen eins, zwei, drei ... Schweine!
Ich hab so Zappelbeine.
 Da kommen eins, zwei, drei, vier ... Ziegen!
 Ach, wie rum soll ich liegen?
 Nicht auf dem Rücken und auf dem Bauch nicht.
 Die Füße nach oben? Ich weiß es doch auch nicht.
 Da kommen eins, zwei, drei, vier, fünf ... Eulen!
 So wach war ich nie. Es ist doch zum Heulen.
 Da kommen eins, zwei ...« – – – Pssssst, leise.
 Bitte nicht stören –
 kannst du das leise Schnarchen hören?
 So zählt das Schaf sich in den Schlaf.

Das braune Schaf

*Eine Geschichte von Christa Kempter
mit Bildern von Antje Flad*

Das braune Schäfchen ist traurig.

Es steht allein am Zaun und schaut zu, wie die anderen Schäfchen auf der Weide herumtoben. »Warum lasst ihr mich nicht mitspielen?«, fragt es.

»Weil du kein schönes, weißes Fell hast, so wie wir.«

»Ist das schlimm?«, fragt das braune Schäfchen zaghaft.

»Kein bisschen!«, ruft da ein schwarzes Schäfchen von der Weide nebenan. Es springt über den Zaun, stupst das braune an und sagt:

»Ich spiele mit dir!«

Die anderen Schäfchen machen große Augen. Bis eines plötzlich meint: »Eigentlich könnten wir zusammen spielen: weiße, braune, schwarze Schäfchen. Wäre doch lustig, oder?«

Wer hat die schönsten Schäfchen?

Volkslied
mit Bildern von Liliane Oser

Wer hat die schönsten Schäfchen?
Die hat der goldne Mond,
der hinter unsern Bäumen
am Himmel droben wohnt.

Er kommt am späten Abend,
wenn alles schlafen will,
hervor aus seinem Hause
zum Himmel leis und still.

Dann weidet er die Schäfchen
auf seiner blauen Flur;
denn all die weißen Sterne
sind seine Schäfchen nur.

Sie tun sich nichts zuleide,
hat eins das andre gern,
und Schwestern sind und Brüder
da droben Stern an Stern.

Und soll ich dir eins bringen,
so darfst du niemals schrein,
musst freundlich wie die Schäfchen
und wie ihr Schäfer sein.

Aufgeflauscht

Gereimt und illustriert von Alexander Steffensmeier

Im Sommer hat der Bauer Luch
oft seine Nichte zu Besuch.
»Oh, Kerstin«, sagt er. »Ist das schön,
dich wieder auf dem Hof zu sehn.
Ich hoff, das Chaos stört dich nicht?«
Denn Kerstin ist sehr ordentlich.

Die Nichte mustert Schaf und Lamm:
»Ich glaub, die brauchen einen Kamm!«
Der Onkel sagt: »Ach, lass die mal,
das Zottelfell ist ganz normal.«
Da schellt im Haus das Telefon,
der Onkel brummt: »Ich komm ja schon.«
Nach fünf Minuten (oder mehr)
kommt er zurück und staunt gleich sehr.

»Herrje, Kind, was hast du getan?
Schau dir nur meine Schafe an!
Jetzt sind sie riesig, rund und flauschig!
Ganz puderquastig! Wattebauschig!
Wie Pusteblumen windhauchleicht,
sodass kein Bein zum Boden reicht.
Ich glaub kaum, dass die rollen wollen,
zumal sie Wolle geben sollen!«

Doch Kerstin meint: »Ich find das schön
und für die Schafe sehr bequem.
Die haben's warm und weich und nett
und sind ihr eig'nes Federbett.
Und auch die Wolle, glaube ich,
wird so ganz weich und kuschelig.«

Kann ich heute mal bei dir einschlafen?

Eine Geschichte von Nele Gerstkamp
mit Bildern von Miriam Cordes

Draußen auf dem Lande begann langsam der Abend. Auf den grünen Weiden rund um den großen Bauernhof standen die Tiere und fraßen Gras.

Das Schaf hielt mit einem Mal beim Kauen inne, weil es den Eindruck hatte, dass es nun bald Schlafenszeit war. Und obwohl es noch gar nicht müde war, hoppelte es schon mal hinüber zu seinem Lieblingsschlafplatz unter dem Apfelbaum. Dort kuschelte es sich in seine dicke Wolle. Nur leider fühlte sich das Schaf kein bisschen müde.

Da fiel ihm etwas ein. Unser Schaf schloss ganz fest die Augen und tat so, als ob es schliefe – dann würde der Schlaf irgendwann nämlich schon kommen, hatte Mama mal gesagt.

So lag es dann da – und wartete auf den Schlaf.

Da kam eine Kuh über die Weide spaziert. Obwohl es auch für Kühe schon Schlafenszeit war, war von Müdigkeit bei ihr keine Spur. Da sah die Kuh das Schaf, das schon so tief und fest zu schlafen schien, dass die Kuh bei seinem Anblick auch gleich müde und schläfrig wurde. Vorsichtig trat sie an das Schaf heran, ganz leise, legte sich behaglich auf die Seite, gähnte noch dreimal laut und war bereits eingeschlafen.

Unser Schaf hatte von alldem nichts mitbekommen.

Da spazierte ein Schwein über die abendliche Wiese. Sein Blick fiel auf die beiden Tiere unter dem Apfelbaum. So kuschelig, wie es die beiden nebeneinanderliegen sah, hätte es das Schaf am liebsten gefragt: »Kann ich heute mal bei dir einschlafen?« Aber damit hätte es das Schaf ganz sicher geweckt. Ganz behutsam tapste das Schwein an die beiden Schläfer heran – hielt den Atem an, um mit seinem lauten Schnaufen und Grunzen niemanden aus seinen Träumen zu holen – und ließ sich mit einem sanften Plumps in das hohe

Gras fallen. Es schloss seine beiden Äuglein und hörte dicht neben sich die gleichmäßigen Atemzüge von Schaf und Kuh. Da fühlte es sich so wohlig! Es grunzte einmal behaglich und begann von reifen, süßen Äpfeln zu träumen.

Unser Schaf träumte noch gar nichts. Es kniff seine Augen weiterhin fest zusammen, dachte an seine Mutter und wartete auf den Schlaf.

Da kam eine braun-weiß gefleckte Katze vom Bauernhof herübergeschlichen. Als sie unter ihrem Lieblingsbaum eine ungewöhnliche Schlafgemeinschaft bemerkte, wollte sie sich über die drei unbekannten Schläfer gleich mächtig empören und sie fauchend verjagen. Doch als sie Schaf, Kuh und Schwein dort so friedlich schlummern sah, besann sie sich eines anderen und suchte sich auf ihren zarten Katzentatzen einen schön geschützten Platz. Mit ihren Pfötchen und ihrer Zunge putzte sie sich noch kurz die Schnauze – dann wurde sie müde und die Augen fielen ihr zu.

Unser Schaf wartete währenddessen mit geschlossenen Lidern noch immer auf den Schlaf. Vergeblich. Jetzt musste es beim Augen zudrücken dringend mal eine Pause zu machen. Es blinzelte und schaute sich im Dämmerlicht um. Was war denn das? Wer lag denn da neben ihm? Eine Kuh? Ein Schwein? Eine Katze? Da musste unser Schaf beim Anblick der vielen selig schlummernden Schläfer plötzlich auch selbst zum ersten Mal kräftig gähnen. Und vom Gähnen erschöpft, sank es glücklich in sein kuschelig weiches Graskissen zurück und schlief endlich ein.

Friedlich schlafen kleine Drachen

Ein Gedicht von Paul Maar
mit Bildern von Kerstin Meyer

Die kleine Maus im Mäusenest
gähnt zweimal laut, dann schläft sie fest.

Zwei Vögel sitzen auf dem Ast.
Der eine schläft, der andre fast.

Im Stroh liegt hier das kleine Schwein.
Es grunzt noch mal und schläft dann ein.

Ganz still! Weil alle kleinen Raben
die Augen schon geschlossen haben.

Es ist ganz warm bei kleinen Schafen,
weil alle dicht beisammen schlafen.

Friedlich schlafen kleine Drachen,
weil Eltern ihren Schlaf bewachen.

Schon schlummern Schaf und Maus und Schwein,
nun schlafen auch die Kinder ein.
Träum schön, mein Kind, ich deck dich zu.
Das Bett ist warm, gleich schläfst auch du.

Schafsgewitter

*Eine Geschichte von Marie Wolgast
mit Bildern von Liliane Oser*

D as kleine Schaf liebte den Regen. Während die anderen Schafe sich meckernd und blökend in den Stall drängelten, sobald die ersten Tropfen vom Himmel fielen, tobte das kleine Schaf ausgelassen über die Weide.

In riesigen Sätzen hüpfte es von einer Pfütze in die nächste, wälzte sich im Matsch und versuchte so viele Regentropfen mit der Zunge einzufangen, wie einem Schaf nur möglich war. Und das allerbeste an diesen Regentagen – das kleine Schaf hatte die ganze Weide für sich allein. Und um so ganz allein auf der großen Weide zu sein, musste man eigentlich schon ein ziemlich großes Schaf sein, dachte es stolz.

Als es an einem dieser wundervollen Regentage schließlich Abend wurde, trabte das eigentlich schon ziemlich große Schaf erschöpft nach Hause.

Es war klatschnass und ein bisschen kalt war ihm auch, und so kam ihm der warme Stall sogar noch ein klitzekleines bisschen wärmer und gemütlicher vor als sonst. Mit einem zufriedenen Seufzen kuschelte sich das eigentlich schon ziemlich große Schaf zwischen seine Mama und seinen Papa und ließ die schweren Augen zufallen. Dann lauschte es auf das sanfte Trommeln der Regentropfen auf dem Dach. Das war sein liebstes Schlaflied. Ja, das kleine Schaf liebte einfach alles am Regen.

Aber was war denn das? Erschrocken stellte das kleine Schaf die Öhrchen auf. Aus weiter, weiter Ferne hörte es ein Grummeln, ein Rumpeln – und dann ein richtig lautes Donnern! Und war es da nicht gerade ganz plötzlich hell geworden? Mit einem Mal kam sich das kleine Schaf gar nicht mehr so groß vor und es schmiegte sich noch fester an seine Mama.

»Was hast du denn, mein kleines Schaf?«, murmelte Mama Schaf leise. »Das ist doch nur ein kleines Gewitter.«

»Weißt du, woher das Gewitter kommt?«, fragte Papa Schaf. Mit großen Augen schüttelte das kleine Schaf den Kopf. Und so fing Papa Schaf an zu erzählen:

»Manchmal wird es den Schlafschafen im Himmel ein bisschen langweilig, während sie darauf warten, dass die Kinder zum Einschlafen mit dem Schäfchenzählen anfangen. Dann wollen sie unbedingt wissen, welches von ihnen wohl das schnellste Schlafschaf ist. Und wie könnte man das besser herausfinden als mit einem Wettrennen? Also stellen sie sich alle an der Startlinie auf, das Schiedsschaf gibt das Kommando – Auf die Plätze! – Fertig! – LOS! – und alle Schlafschafe galoppieren gleichzeitig davon. Ihre Hufe donnern über die Wolken und hin und wieder ist ein Schlafschaf so schnell, dass seine Hufe Funken schlagen! So laufen sie Runde um Runde um Runde um die Wette, bis schließlich ein Gewinner feststeht – das schnellste Schlafschaf von allen. Wenn du also den Donner hörst und die Blitze über den Himmel zucken, dann weißt du, mein kleines Schaf, dass die Schlafschafe gerade wieder eines ihrer großartigen Wettrennen veranstalten.«

Das kleine Schaf hatte der Geschichte von Papa Schaf gespannt zugehört, aber jetzt konnte es seine Augen einfach

nicht mehr offen halten. Draußen grollte der Donner und der Regen prasselte noch immer auf das Dach, aber im Stall war es warm und weich und gemütlich.

Ich glaube, ich mag das Gewitter fast genauso gern wie den Regen, dachte das kleine Schaf noch, bevor es einschlief und vom nächsten Tag auf der großen Weide träumte.

Wie das Schaf den Schlaf nicht fand

*Ein Gedicht von Andrea Schomburg
mit Bildern von Sabine Legien*

Es war einmal ein kleines Schaf,
das fand und fand nachts keinen Schlaf.

Der Schäfer sagt: »Ihr meine Lieben,
die Kirchturmuhr schlägt jetzt gleich sieben.
Und also ist es bald so weit:
Es kommt die Schäfchen-Schlafenszeit.«

Und alle seine Schafe nicken,
die dünnen, mittleren und dicken.
Sie blöken: »Mäh und gute Nacht!«
Die Kirchturmuhr schlägt langsam acht.

Die Schafe kuscheln sich ins Gras
und stupsen sich noch mal zum Spaß,
ein jedes zählt noch zwei, drei Schafe,
und – zack – schon liegen sie im Schlafe.

Als einziges von allen Schafen
kann nur Regine gar nicht schlafen.
Ach, denkt sie, ach, ich armes Schaf!
Ich find und finde keinen Schlaf!

Noch nicht einmal das kleinste Schläfchen!
Ich zählte schon fünftausend Schäfchen!

Doch hilft es was? Ach, Pustekuchen!
Ich geh jetzt los, den Schlaf zu suchen.

Denn irgendwo muss er doch sein!
Vielleicht bei Schäfer Anton?
Nein.

Gleich nebenan, da ist doch diese
grün-gelbe Butterblumenwiese.
Wohnt hier Herr Schlaf? Das könnt' doch sein!
Nein.

Hier aus der Box, da hört man's schnauben.
Schnaubt so Herr Schlaf? Man könnt' es glauben.
Wohnt hier Herr Schlaf? Das könnt' doch sein!
Nein.

Hier stinkt's ein bisschen aus dem Stall,
da schau ich nach auf jeden Fall.
Riecht so Herr Schlaf? Das könnt' doch sein!
Nein!

Und in der Hecke, im Geäst,
da ist doch dieses warme Nest!
Wohnt hier Herr Schlaf? Das könnt' doch sein!
Nein.

Und hier aus diesem Apfelbaum
kommt leis' ein Zwitschern, wie im Traum.
Singt so Herr Schlaf? Das könnt' doch sein!
Nein.

Regine geht nach Haus zurück.
Nein, heute hatte ich kein Glück!
Vielleicht, denkt sich Regine Schaf,
find ich ihn morgen ja, den Schlaf.
Und heute Nacht bleib ich halt wach –
ACH!

Als einziges von allen Schafen
Kann ich heut wieder gar nicht –
schlafen!

Das kleine Schaf will was erleben

Eine Geschichte von Katja Reider
mit Bildern von Miriam Cordes

Mama, stimmt es, dass wir die Hälfte unseres Lebens schlafen?«, fragte das Schäfchen. »Hmm, das ist schon richtig«, sagte Mama. »Wenn wir nicht schlafen würden, hätten wir also doppelt so viel Zeit, herumzutoben und Dotterblumen zu fressen?« – »So ähnlich«, sagte Mama, »aber ...«

Aber da hatte das kleine Schaf schon beschlossen sich das Schlafen abzugewöhnen. Gleich heute Abend wollte es anfangen. Als der Mond aufging, kuschelten sich die Schafe dicht aneinander und schlossen die Augen. Nur das kleine Schäfchen stolzierte munter auf und ab. »Ich gewöhne mir das

Schlafen ab«, erzählte es allen. »Von heute an bin ich Tag und Nacht wach und erlebe doppelt so viel wie ihr.« Doch bald hörte ihm keiner mehr zu, denn die anderen Schafe waren fest eingeschlafen.

»Solche Langweiler!«, sagte das Schäfchen und wälzte sich ausgiebig im Gras. Dann machte es sich auf die Suche nach ein paar saftigen Dotter-blumen. Doch im Dunkeln war keine einzige zu sehen. »Meine Augen werden sich noch an die Dunkelheit gewöhnen«, sagte sich das kleine Schaf. »Ich muss nur Geduld haben.«

Am nächsten Morgen war das Schäfchen so müde, dass Mama es immer wieder anstupsen musste. »Wach auf, es gibt viel zu erleben: Die Sonne lacht, das Gras ist frisch und saftig. Deine Freunde warten schon. Komm!«

Doch das kleine Schaf sah weder Sonne noch Gräser noch Freunde, so müde war es. »Aller Anfang ist schwer«, seufzte es und schleppte sich mühsam durch den Tag.

Aber als am Abend der Mond aufging, stolzierte das kleine Schäfchen wieder über die Wiese. »Ich gewöhne mir das Schlafen ab. Es ist nicht ganz leicht, aber bald erlebe ich doppelt so viel wie ihr.« Doch in dieser Nacht war das Schäfchen so müde, dass es über einen Zweig stolperte, einen Hügel hinunterkullerte und – patsch – mitten in einem dicken Kuhfladen landete. Mühsam stand es wieder auf und schlief dann ein paar Meter weiter erschöpft ein.

Am nächsten Tag wollte keiner mit dem Schäfchen spielen, denn es stank ganz fürchterlich. Selbst Mama rümpfte die Nase. »Was bist du für ein Stinkschaf! Lauf sofort zum Bach und wasch dich.«

Aller guten Dinge sind drei, sagte sich das kleine Schaf. Morgen habe ich sicher das Schlimmste überstanden. Dann fängt der Spaß an. Als sich alle zur Ruhe gelegt hatten, stolzierte das Schäfchen wieder über die Wiese. Doch heute war alles anders. Der Mond hatte sich hinter einer Wolkendecke versteckt und die Nacht war rabenschwarz. Das kleine Schaf wusste bald nicht mehr, wo es war. Es lauschte, doch nicht ein leises Blöken war zu hören. Selbst das Gras roch fremd.

Wo war die Herde?

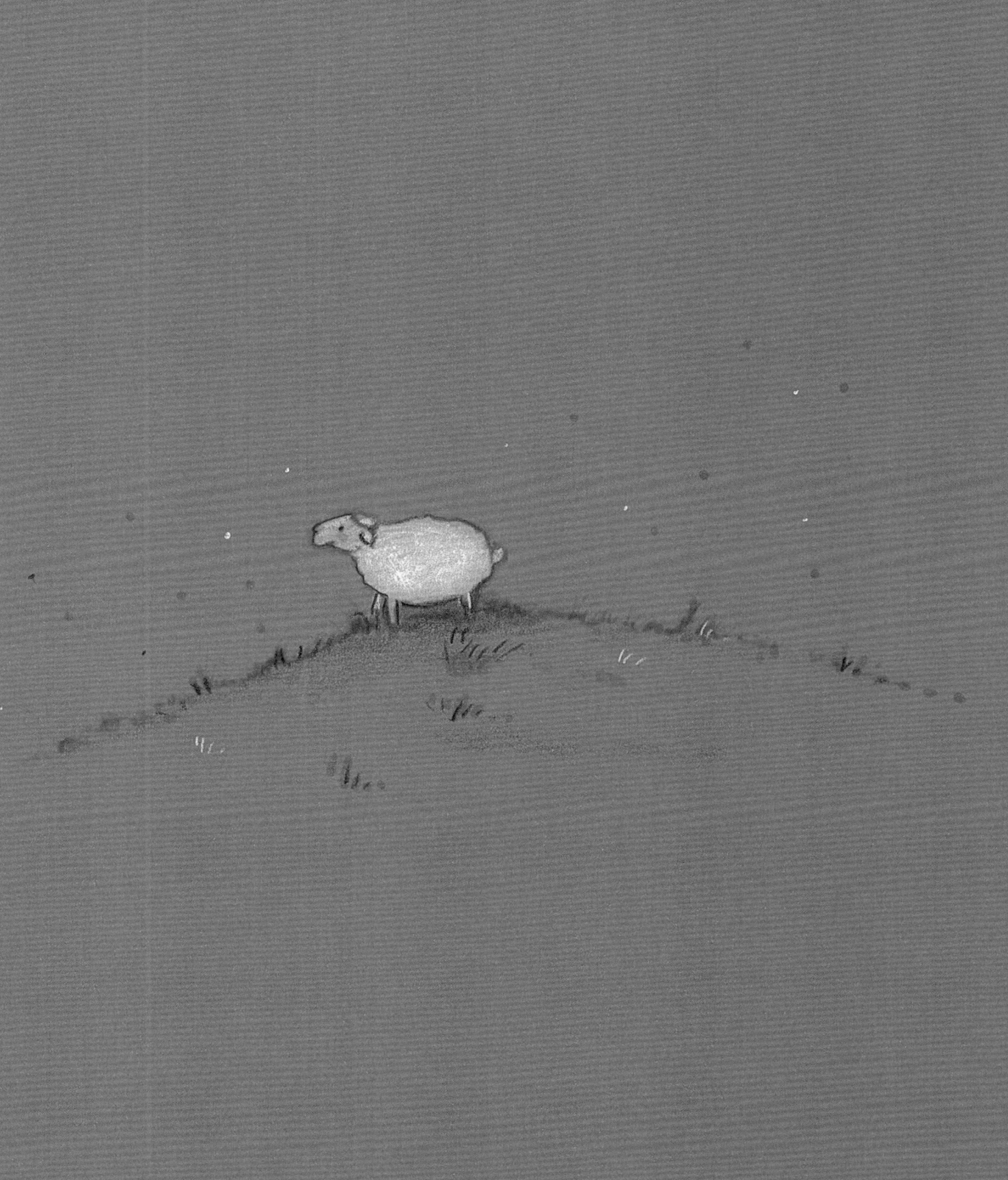

Und wo war Mama? Das kleine Schaf begann zu zittern. Eigentlich machte es überhaupt keinen Spaß, nachts allein herumzutoben. Und Dotterblumen fand man auch nicht. Und immer war man müde und überhaupt ... »MAMA! MAMA!!« Das kleine Schäfchen rief und rief.

Endlich löste sich aus dem Dunkel der Nacht eine helle Gestalt. Mama! Dann lag das Schaf im Arm seiner Mutter. Das war schöner als alle Dotterblumen dieser Welt! »Na, Ausreißer, hast du doppelt so viel erlebt wie alle anderen?« Das kleine Schaf seufzte. »Das kann man wohl sagen.«

Mama stupste ihr Kleines mit der Nase an. »Du musst nicht Tag und Nacht wach sein, um mehr zu erleben. Manchmal muss man nur die Augen zumachen!« – »Zumachen?«

Das Schäfchen schüttelte den Kopf. »Aber mit geschlossenen Augen erlebe ich doch gar nichts.« – »Warte ab«, sagte Mama. »Schließ die Augen, so ist es gut. Und nun stell dir vor, du liegst auf einer großen grünen Wiese. Frischer Tau schimmert auf den saftigsten Dotterblumen, die du je gesehen hast. Und sobald du eine Blume gemümmelt hast, wächst sie wieder nach. Jetzt läufst du über die Wiese, schneller als alle anderen. Du springst. Du kannst fliegen – die anderen Schafe werden zu kleinen weißen Punkten. Kannst du es sehen, mein kleines Schäfchen?«

Das Schäfchen nickte und begann zu träumen.

Wie viele Schäfchen denn?

Eine Geschichte von Christin Schill
mit Bildern von Sabine Legien

Immer wenn Lucas nicht einschlafen kann, sagt Papa, er soll einfach die Augen zumachen und Schäfchen zählen. Lucas kann zählen – bis vierundtausendzwanzighundertmillionen – mindestens! Zählen ist nicht das Problem, er ist ja schließlich schon groß.

Aber Schäfchen zählen ist irgendwie eine blöde Idee, findet Lucas. Schäfchen, wieso denn ausgerechnet Schäfchen? Papa sagt, er solle sich einfach vorstellen, da sei eine große grüne Wiese mit unendlich vielen Schäfchen drauf. Und die müssten von der einen Wiese rüber auf die andere Wiese und er – Lucas – sei der Schäfer und müsse sie zählen, damit keines verloren geht.

Okay, weil Papa ja schon ganz groß ist und meistens recht hat, macht Lucas auch das, was Papa sagt – meistens jedenfalls. Also gut. Er presst die Augen ganz fest zu und konzentriert sich.

»Ein Schäfchen, zwei Schäfchen, drei Schäfchen, vier Schäfchen, fünf – und ein blaues Auto. Wo kommt das denn plötzlich her? Das gehört hier doch gar nicht hin!«, denkt Lucas. Mist, jetzt hat er sich verzählt und muss noch mal von vorne anfangen.

»Ein Schäfchen, zwei Schäfchen, drei Schäfchen, vier Schäfchen … Hm, wo ist eigentlich der Schäferhund? Hat ein Schäfer nicht auch immer einen Hund, der ihm hilft und der die Herde zusammenhält?«

Etwas Hilfe könnte Lucas schon gebrauchen, bei den vielen Schafen. Also stellt er sich jetzt einfach noch einen Schäferhund dazu vor. Der ist hellbraun und hat ganz wuscheliges Fell. Und so treue Augen. Und der Hund kann ganz viele lustige Kunststückchen. Zum Beispiel auf den Hinterbeinen laufen und dabei Pfötchen geben.

Aber eigentlich sollte Lucas ja die Schäfchen zählen. Wo war er bloß stehen geblieben? Vier Schäfchen, oder waren es schon fünf?

»Irgendwie sehen die auch alle gleich aus«, denkt Lucas. Da muss man ja ganz durcheinanderkommen. Also noch mal ganz von vorne: »Schäfchen Nummer eins, Schäfchen Nummer zwei, Schäfchen Nummer drei, Schäfchen Nummer vier, Schäfchen Nummer fünf ... Äh, wie heißt der Hund eigentlich? Ich muss ihn ja rufen können«, fällt Lucas plötzlich ein. »Hm, mal überlegen. Benno? Ja, Benno ist ein prima Name für einen Schäferhund«, findet Lucas.

Leider muss er nun noch mal von vorne anfangen, weil Benno nicht mit aufgepasst und auch nicht mitgezählt hat. »Ein Schäfchen, zwei Schäfchen, drei Schäfchen, vier Schäfchen ... unendlich viele – hat Papa gesagt. Wie soll ich das denn eigentlich machen? Wenn das soooo viele sind, dann bin ich ja die ganze Nacht beschäftigt und mache kein Auge zu. Und morgen im Kindergarten bin ich dann viel zu müde zum Spielen. Eine wirklich blöde Idee!«, denkt Lucas.

»Na gut, einen Versuch mache ich noch, aber wirklich nur noch einen. Und Benno soll gefälligst mitzählen, damit es diesmal klappt. – Ein Schäfchen, zwei Schäfchen, drei Schäfchen, vier Schäfchen, fünf Schäfchen ...« Langsam wird es anstrengend. »Sechs Schäfchen, sieben Schäfchen ...« Lucas ist jetzt doch schon sehr müde.

»Acht Schäfchen, ähh, neun ... Schäfchen ... Wieso bloß Schäfchen? ... Zehn Schäfchen ...« Das war wirklich eine ganz blöde Idee von Papa.

»Elf Schäfchen ...« Lucas muss gähnen. »... Zwölf Schäfchen ...«

»Morgen«, denkt Lucas sich, »morgen zähle ich keine Schäfchen, sondern weiße sibirische Tiger. Davon gibt es nur sehr, sehr wenige. Dann bin ich ganz schnell fertig und kann wenigstens noch etwas schlafen.«

Schäfchen Klecks und die Sterne

Eine Geschichte von Ana Zabo
mit Bildern von Liliane Oser

Es war ein fast gewöhnlicher Abend. Der Himmel über der Schafweide schimmerte rötlich von den Lichtern der nahen Großstadt.

Doch dann hörte das kleine Schaf Klecks, wie die alten Schafe von vergangenen Zeiten erzählten. »Früher war die Nacht noch dunkel«, schwärmten sie. »Da war der Himmel ganz schwarz. Der Mond und die Sterne leuchteten hell.« Und die Uroma klagte: »Nirgends ist es mehr so richtig dunkel.«

»Wer weiß«, sagte Klecks. »Ich will losgehen und den Ort suchen, wo die Nacht am dunkelsten ist.«

»Ja, geh nur«, lächelten Mama und Papa. »Es ist gut, wenn ein kleines Schaf sich früh in der Welt umsieht.«

Zuerst lief Klecks in die falsche Richtung. Es kam immer tiefer in die Stadt. Von der Nacht war schon nichts mehr zu sehen. Überall funkelten Leuchtreklamen und Laternen. Da bemerkte Klecks plötzlich einen Hund im Schatten auf dem Gehweg. »Hallo, Hund«, grüßte Klecks. Der Hund drehte sich um. Ihm war nachts in der Stadt noch nie ein Schaf begegnet. »Ja, bitte?«, antwortete er. »Ich suche den Ort, wo die Nacht am dunkelsten ist«, sagte Klecks. Der Hund kratzte sich mit der Pfote hinterm Ohr. »Völlig falsche Richtung«, sagte er. »Am besten, du nimmst die Straßenbahn. Stadtauswärts. Bis zur Endstation.«

»Vielen Dank«, sagte Klecks und sprang schnell auf die erste Bahn, die vorbeifuhr. Auch in der Straßenbahn war es sehr hell. Sie ruckelte und zuckelte. Klecks konnte nicht erkennen, ob die Nacht draußen dunkler oder heller wurde.

Schließlich schnaufte die Bahn und rührte sich nicht mehr. Durch die offenen Türen wehte der Nachtwind herein.

Das ist wohl die Endstation, überlegte das kleine Schaf und stieg aus. Am Straßenrand leuchteten noch immer Laternen. Und Autos sausten vorbei. Ich will mich ins Feld schlagen, dachte Klecks und hüpfte weit über einen Graben.

Auf dem Feld saß ein Kaninchen und knabberte Möhren. »Ich suche den Ort, wo die Nacht am dunkelsten ist«, sagte Klecks. »Wenn's weiter nichts ist«, entgegnete das Kaninchen und führte das Schaf zu seinem Bau. »Komm nur herein«, sagte es. Klecks folgte ihm, so gut es ging. Es zwängte und schlängelte sich die Gänge hinab, bis sie in einer Höhle tief unter der Erde ankamen. Hier war es ganz dunkel. Es roch muffig nach feuchtem Sand. Baumwurzeln und Modder streiften Klecks' Nase.

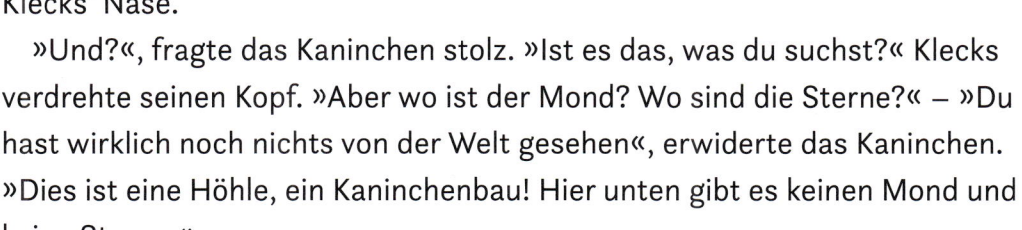

»Und?«, fragte das Kaninchen stolz. »Ist es das, was du suchst?« Klecks verdrehte seinen Kopf. »Aber wo ist der Mond? Wo sind die Sterne?« – »Du hast wirklich noch nichts von der Welt gesehen«, erwiderte das Kaninchen. »Dies ist eine Höhle, ein Kaninchenbau! Hier unten gibt es keinen Mond und keine Sterne.«

Klecks kroch mit den Hinterbeinen voran wieder aus dem Bau hinaus. »Trotzdem schönen Dank«, sagte es. »Bloß, was nützt mir eine Nacht ohne Mond und ohne Sterne?« Das kleine Schaf zog weiter und kam schließlich in einen Wald.

Wieder konnte es den Himmel nicht sehen. Das Blätterdach war dicht und undurchdringlich. Klecks wollte schon umkehren, als plötzlich oben vom Baum herab eine Stimme wisperte: »So spät noch unterwegs?« Es war eine Fledermaus, die kopfunter am Ast hing. Klecks erzählte ihr, wonach es suchte. Die Fledermaus flog voraus und führte das kleine Schaf zu einer Lichtung mitten im Wald.

Doch merkwürdig.

Dort standen zwei ... drei ... vier, viele grauweiße Knäuel herum.

»Da kommt ja Klecks!«, riefen die Knäuel im Chor.

Es waren die alten Schafe. Auch sie hatten sich auf den Weg gemacht. Klecks freute sich riesig. Gemeinsam wandten alle den Blick nach oben. Und wirklich: Hier war die Nacht am dunkelsten. Am tiefschwarzen Himmel leuchteten der Mond und die Sterne so hell, wie es das kleine Schaf noch nie zuvor gesehen hatte.

»Ist es nicht schön?«, sagten die Alten.

»O ja«, seufzte Klecks.

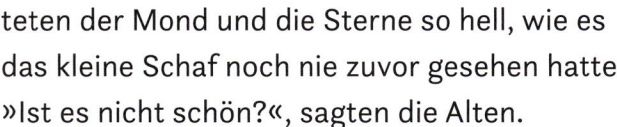

10 kleine Schafe –
Von 1 bis 10 im Schafumdreh'n

Ein Gedicht von Franziska Gehm
mit Bildern von Miriam Cordes

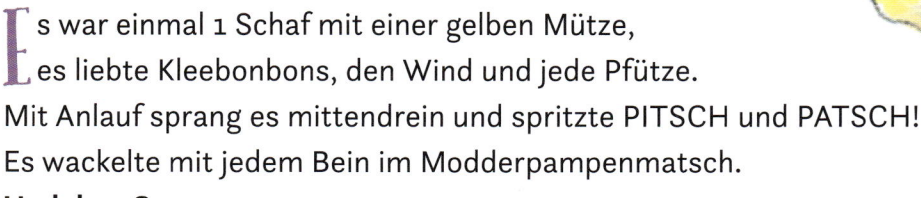

Es war einmal 1 Schaf mit einer gelben Mütze,
es liebte Kleebonbons, den Wind und jede Pfütze.
Mit Anlauf sprang es mittendrein und spritzte PITSCH und PATSCH!
Es wackelte mit jedem Bein im Modderpampenmatsch.
Und dann?

Kommt ein 2. Schaf heran ...
Es waren mal 2 Schafe, eins gelb und eines rot.
Sie kuschelten und teilten dabei ein Butterbrot.
Vom Schmusen und vom Streicheln war'n ihre Locken glatt
und ihre weichen Popos vom Sitzen beinah platt.
Und dann?

Kommt ein 3. Schaf heran ...

Es waren mal 3 Schafe, eins gelb, eins rot, eins grün.

Sie sangen schön und brachten die Blumen zum Erblüh'n:

»Ringel, Ringel, Reihe, wir sind der Schafe dreie,

wir essen gern Bananenklee und blöken munter MÄH, MÄH, MÄH!«

Und dann?

Kommt ein 4. Schaf heran ...

Es waren mal 4 Schafe. Das 4. Schaf war braun.

Zwei hockten in der Karre, zwei schoben bis zum Zaun.

Das Schafe-Schubkarr'-Rennen war MÄH-gaschnell und knapp.

»Sieger!«, blökte dies, das andre: »Papperlapapp!«

Und dann?

Kommt ein 5. Schaf heran ...

Es waren mal 5 Schafe. Das 5. Schaf war weiß.

Zusammen machten sie Musik, im Schafstall wurd' es heiß.

Es wackelte der Apfel und zappelte das Huhn,

die Kühe auf der Wiese begannen laut zu muh'n.

Und dann?

Kommt ein 6. Schaf heran ...

Es waren mal 6 Schafe. Das 6. Schaf war pink.

Sein Lieblingsspiel war Bocksprung, denn es sprang weit und flink.

Mit großem Anlauf und viel Schwung, im schnellen Schafsgalopp,

sprang es über jedes Schaf, hü-hüpf, hü-hepp, hü-hopp.

Und dann?

Kommt ein 7. Schaf heran ...

Es war'n mal 7 Schafe. Das 7. war türkis.

Sie wollten einen Apfel, kein Gulasch und kein'n Grieß.

Der Apfel war weit oben, die Schafe ziemlich klein.

Sie hüpften aufeinander, Schafschulter an Schafbein.

Und dann?

Kommt ein 8. Schaf heran ...

Es waren mal 8 Schafe. Das 8. Schaf war blau.

Sie waren alle furchtbar stark und zogen an 'nem Tau.

So fest sie konnten, zerrten sie, hau ruck und hin und her,

eines streckte die Zunge raus, ein and'res schnaufte sehr.

Und dann?

Kommt ein 9. Schaf heran ...

Es waren mal 9 Schafe, das 9. violett.

Sie schwammen gern im Waldsee ein flottes Schafsballett.

Die Schwänzchen in die Höhe, die Hufe auf den Grund

Und blubberschöne Blasen aus Popo und aus Mund.

Und dann?

Kommt ein 10. Schaf heran ...

Es waren mal 10 Schafe. Das 10. Schaf war schwarz.

Sie tanzten auf 'ner Bühne, die Bretter machten KNARZ!

Hoch flogen alle Hufe, wild wackelte der Saal,

die Gäste war'n begeistert und riefen laut: »Noch mal!«

Und dann?

Trennt sich bald das Schafsgespann ...

Es waren mal 10 Schafe. Vier mussten schnell aufs Klo.

Das pinke musste zum Friseur, das braune schlief im Stroh.

Eins bohrte in der Nase, Verstecken spielten zwei.

Das gelbe sprang mit Anlauf in den Modderpampenbrei.
Und dann?

Fängt alles wieder von vorne an ...

Die zwei Töchter

Eine Geschichte von Nele Gerstkamp
mit Bildern von Simone Leiss-Bohn

Auf einer Weide direkt am Waldrand lebte einmal eine Schafherde. Den ganzen lieben langen Tag über waren die wolligen Tiere am Blöken, am Grasfressen, dann wieder am Blöken und am Grasfressen und zwischendurch am Herumspringen. Auf der großen Weide zogen sie von einem leckeren Grasbüschel zum nächsten Grasbüschel, das meist sogar noch etwas leckerer schmeckte.

Mitten unter den Schafen lebte auch Mimmi, ein ganz und gar weißes Schaf, mit seiner weißwolligen Mutter Matilda. Und zu der Herde gehörte auch Hanna, ein braunes Schaf, mit ihrer braunwolligen Mutter Helena. Die beiden Mütter Matilda und Helena waren gute Freundinnen. Und auch die beiden Töchter Mimmi und Hanna spielten manchmal miteinander.

Eines Tages bekam Matilda einen Schnupfen und der Schäfer kam, um mit ihr zum Tierarzt zu fahren. Da wandte sich die weiße Schafmama an die braune Schafmama. »Liebe Helena, könntest du bitte auf meine Mimmi aufpassen«, fragte Matilda ihre Freundin, »natürlich nur, solange ich fort bin?«

»Aber selbstverständlich!«, erwiderte Helena und wünschte ihr auch gute Besserung. Helena und die beiden Töchter Mimmi und Hanna zogen noch eifrig über die Weide auf der Suche nach noch leckereren Grasbüscheln. Bald darauf schon veränderte der Himmel seine Farbe für den Sonnenuntergang.

»Bleibt bitte hier an meiner Seite«, rief das Mamaschaf Helena.

»Möööö!«, blökte Hanna und hüpfte weiter über die Wiese. »Määäää!«, blökte auch Mimmi ihr hinterher.

Auf der Weide wurde es Abend. »Seid ihr schon satt?«, fragte die braun-wollige Helena die beiden Kleinen. »Möööö!«, blökte die ebenfalls braun-wollige Hanna und rupfte schnell noch ein besonders fettes Grasbüschel, um es genussvoll zu verspeisen.

Die weißwollige Mimmi blieb still. Sie war heute Abend etwas unruhig. Sie hatte noch nicht so oft ohne ihre Mutter die Nacht verbracht. Um ehrlich zu sein: Dies war sogar das allererste Mal und Mimmi war mulmig im Magen.

»Seid ihr nun satt genug für die Nacht?«, fragte Helena erneut. Mim-mi überlegte, ob sie noch hungrig war. Und da erst merkte sie, dass sie vor Aufregung schon eine Weile gar keinen Appetit mehr hatte. Sie schaute zu ihrer Freundin Hanna, die sich schon dicht an ihre Mutter geschmiegt hatte. Wie sie die beiden da so beieinanderstehen sah, fühlte sie sich plötzlich sehr allein.

Mimmi fragte sich, ob ihre Mutter vielleicht doch schon heute Abend zurückkommen würde. Was wäre, wenn ihre Mutter gar nicht so krank war und gleich wieder bei ihr sein konnte? Und sie stellte sich vor, wie schön es wäre, wenn ihre Mama jetzt zu ihr über die Weide gerannt käme. Aber da kam kein Matilda-Mamaschaf.

Inzwischen war es fast ganz dunkle Nacht geworden, nur über dem fernen Horizont war der Himmel noch orange und rot gestreift. Mimmi hatte den Eindruck, dass es ausgerechnet heute Nacht noch viel dunkler war als sonst.

Und war es nicht auch viel kälter als sonst?

»Na, liebe Mimmi«, hörte sie plötzlich eine Stimme, aber es war nicht die Stimme ihrer Mutter. Es war die sanfte Stimme von Helena. »Komm doch näher zu uns.« Mimmi drehte sich zu Helena und Hanna um, die ganz dicht beieinanderstanden. Beide schauten sie einladend an.

Langsam und eher ängstlich machte Mimmi ein paar Schritte auf sie zu. Musste sie jetzt tapfer sein und allein bleiben? Oder durfte sie sich an Helena genauso anschmiegen wie an ihre eigene Mama? Mimmi wusste schon, dass Helena ganz anders roch als ihre eigene Mama. Würde sie das mögen? Und was war mit Hanna? Würde sie eifersüchtig werden?

Mimmi stand nun schon etwas dichter bei den beiden anderen. Da hörte sie ein ganz sanftes »Möööh«. Hanna schaute sie lieb und zutraulich an und machte noch einmal ganz leise und sanft »Möööh«. Dann tat sie ein paar Schritte zur Seite, ließ von ihrer Mutter ab und plötzlich war der kuschelige Platz an Helenas Seite frei.

Aus Hannas Blicken konnte Mimmi verstehen, dass jetzt sie selbst sich dicht neben Helena stellen durfte. Und das tat Mimmi dann auch. Sie trat heran und schmiegte sich an Helena und dabei wurde ihr ganz warm. Das war wirklich ein sehr kuscheliger Platz. Und nun stellte sich auch Hanna ganz dicht zu ihnen, sodass Mimmi von beiden geschützt und umsorgt war. Jetzt machte ihr auch die Dunkelheit gar nichts mehr aus. Sie hatte das Gefühl, dass für heute Abend mal nicht Matilda, sondern Helena ihre Mutter war und Hanna ihre Schwester. Aber natürlich nur für heute Abend.

Hopp, ins Bett!

Das kleine Wölkchen

*Eine Geschichte von Julia Breitenöder
mit Bildern von Liliane Oser*

Das kleine Schaf Wölkchen springt über die Wolkenweide. Heute werden wieder Schlafschafe ausgesucht, die über das Traumgatter springen und sich zählen lassen, damit den Menschen irgendwann die Augen zufallen. Wölkchen ist schrecklich aufgeregt.

Bisher ist es ihm nie gelungen, bei der Auswahl der Gatterspringer dabei zu sein, aber heute soll es klappen. Wölkchen nimmt Anlauf und saust über die Wolkenweide, es hüpft über den Bach und die Hecke, hin und her, hin und her. Dann springt es im vollen Lauf über ein paar Schafe, die im Weg stehen. Hui! Was für ein Spaß!

Wölkchen spielt am Bach, als die ältesten Schlafschafe die Wiese betreten. Sie wählen die Schafe aus, die heute über das Gatter springen dürfen.

Da ist Millionen-Marvin, der mehr als eine Million Mal über das Traumgatter gesprungen ist. Und Lisa Leichtfuß, die unglaublich hoch springen kann, ohne sich groß anzustrengen. Alle Schafe drängen zum Tor. Natürlich möchte jeder über das Traumgatter springen. Alle blöken durcheinander.

»Marvin, nimm mich mit!« »Ich kann am besten springen!« »Bitte, bitte, wählt mich aus!« Wölkchen schlängelt sich zwischen den anderen Schafen hindurch, bis es ganz vorne steht. Dann zupft es Marvin an der Wolle. »Darf ich heute zum ersten Mal springen?« »Bist du nicht noch ein bisschen zu klein?«, fragt Millionen-Marvin. »Ich bin überhaupt nicht zu klein«, blökt Wölkchen. »Und ich kann ganz toll springen. Guck!« Es rennt los, quer über die Wolkenwiese. Dabei überspringt es alles, was ihm im Weg steht. Futternäpfe, den Bach, eine alte Badewanne, mehrere Schafe und zum Schluss auch den Zaun. Marvin starrt Wölkchen verdutzt an. »Du bist ja ein Naturtalent. Komm mit, heute springst du zum ersten Mal über das Gatter!«

Das kleine Schaf kann sein Glück kaum fassen. Gemeinsam mit den anderen Schlafschafen, die Marvin und Lisa für heute ausgesucht haben, läuft es zur Traumgatter-Wiese. Marvin zeigt ihm, wo es sich anstellen soll. Wölkchen reiht sich bei den Schafen ein, die Kindern helfen, sich in den Schlaf zu zählen, und bekommt die Startnummer 93.

Die Nummer 1 in dieser Reihe ist Millionen-Marvin. Er erklärt den Neuen, was sie zu tun haben: »Wartet, bis die Kinder eure Zahl sagen, dann lauft los und springt über das Gatter. Wenn ein Kind schläft, bevor es eure Nummer erreicht hat, stellt ihr euch für die nächste Runde wieder auf.« Das klingt nicht schwer. Da ertönt eine Kinderstimme: »Eins!« Marvin läuft los, hält aufs Gatter zu und setzt elegant darüber. »Zwei, drei, vier, ...«, zählt das Kind. Ein Schaf nach dem anderen springt ab. Wölkchen ist aufgeregt. Das Kind hört sich ziemlich wach an, bestimmt zählt es bis hundert!

Aber bei »Dreißig!« ertönt lautes Gähnen, die Vierzig wird nur noch gemurmelt, dann ist Schluss. Stille. Ach, menno! Wölkchen schnaubt enttäuscht.

Schon fängt das nächste Kind an zu zählen – und schläft ein, lange bevor es die Dreiundneunzig erreicht. »So kann ich ja nie beweisen, dass ich groß genug bin, um ein Schlafschaf zu sein!«, jammert Wölkchen. »Geduld«, sagt Marvin und rupft gemächlich ein Büschel Gras. »Geduld ist die wichtigste Eigenschaft der Schlafschafe.«

Wölkchen würde aber viel lieber laufen und hüpfen, als geduldig zu warten. Das nächste Kind beginnt zu zählen. Es klingt sehr, sehr müde. »Eii-iiiinnnnns ...« Marvin weiß nicht recht, ob er laufen soll oder nicht. Als er merkt, dass das Kind diese Zahl komplett ausspricht, rennt er los, aber er kommt zu nah an das Gatter und schlägt mit dem Bein dagegen. »Zwww... wwwweiii«, zählt das Kind weiter. Auch Schaf Nummer zwei springt mehr schlecht als recht. Mit langen Pausen und viel Gähnen quält sich das Kind bis zur Dreizehn. Dann kommt nichts mehr. Wölkchen ist verzweifelt. Bestimmt kommt es heute gar nicht mehr dran!

Jetzt zählt ein Kind sehr flott los. Die Schlafschafe laufen dicht hinter-
einander zum Gatter und springen hopp, hopp, hopp darüber. Das Kind ist bei
Fünfzig. Sechzig. Siebzig! Wölkchens Herz klopft schneller. Gleich, gleich ...
Achtzig! Neunzig! Wölkchen scharrt mit den Hufen. Einundneunzig. Zweiund-
neunzig. Dreiundneunzig. Wölkchen saust los. Das Gatter vor ihm wird immer
größer.

Jetzt!

Mit aller Kraft stößt Wölkchen sich vom Boden ab. Es fliegt weit über das Gatter, viel höher als jedes andere Schaf. Staunend sehen die Schlafschafe zu. Als Wölkchen sicher gelandet ist, fängt Marvin an zu jubeln. Ein Schaf nach dem anderen fällt ein. »Das war der beste erste Schlafschaf-Sprung, den ich je gesehen habe«, sagt Marvin. »Von mir aus kannst du jetzt jeden Abend mitkommen.« Glücklich läuft Wölkchen an seinen Platz zurück. Schlafschaf zu sein ist noch viel schöner, als es sich das vorgestellt hat.

Schlaf schön, kleines Schaf

Eine Geschichte von Katja Reider
mit Bildern von Miriam Cordes

Der Mond stand schon hoch am Himmel, als das kleine Schaf die Stimme seiner Mutter hörte: »Komm, Puschel, Zeit zum Schlafengehen!« Puschel tat, als habe er nichts gehört, und versteckte sich zwischen den anderen Schafen. Doch seine Mutter packte Puschel schnell am Nackenfell und zog ihn zu sich heran.

Puschel blökte und sträubte sich ein bisschen, aber nur um seinen Freunden zu zeigen, dass er sich nicht so leicht unterkriegen ließ.

Eigentlich ließ er sich von seiner Mutter gern in den Schlaf wiegen. Mama war so wollig warm und kuschelig. Ihr zotteliges Fell kitzelte Puschel in der Nase und sie roch so gut – nach Mama eben.

Doch heute war alles anders. Heute war Puschel hellwach. »Ich bin noch gar nicht müde, Mama!«, sagte er. – »Das sagst du jeden Abend«, antwortete seine Mutter. – »Aber heute stimmt es wirklich!« Puschel riss die Augen weit auf, um zu zeigen, wie wach er war. Doch seine Mutter schüttelte den Kopf. »Von früh bis spät hast du den Hütehund geärgert und ihm dann so am Schwanz gezogen, dass ich dich in Sicherheit bringen musste.« Puschel schnaufte. »Ach, mit dem blöden Ajax wäre ich sicher auch alleine fertiggeworden.« – »So, so«, sagte Puschels Mutter, »jedenfalls musst du nach all der Aufregung doch müde sein.« – »Nein! Guck mal, wie wach ich bin«, sagte Puschel und schlug einen Purzelbaum.

Seine Mutter seufzte. »Wenn du jetzt nicht schläfst, wirst du morgen den langen Weg über den Deich nicht schaffen. Und ich muss dich wieder tragen.« Jetzt war Puschel gekränkt. »Ich hatte mir bloß die Pfote verstaucht. Ich bin doch kein Baby mehr!« – »Ist ja gut«, sagte Puschels Mutter. »Aber nun schlaf schön, mein Lämmchen.«

»Ja, Mama«, sagte Puschel und machte brav die Augen zu. Dann wisperte Puschel:

»Und wenn der Fuchs kommt?« – »Der Hütehund passt doch auf uns auf«, sagte seine Mutter.

»Und wenn Ajax einschläft?« – »Dann passt der Schäfer auf.«

»Und wenn der Schäfer einschläft?« – »Dann passe ich auf dich auf! Und nun sei still, du kleines Schaf.«

Puschel gab sich wirklich Mühe mit dem Einschlafen, aber je mehr er es versuchte, umso munterer wurde er. »Es geht nicht, Mama!« Puschels Mutter seufzte. »Versuch doch mal, Schafe zu zählen. Das hilft, wenn man nicht einschlafen kann. Stell dir vor, wie alle Schafe unserer Herde nacheinander über das Gatter am Deich springen. Zuerst springt Lena, dann Lisa, dann Lothar und so weiter.«

Also gut. Wieder schloss Puschel die Augen und ließ in Gedanken all seine Freunde über das Gatter springen. Das war so lustig, dass er immer wieder lachen musste. Aber müde wurde man davon nicht. »Mama, Lili ist noch zu klein, um über das Gatter zu springen, was nun?«

Puschels Mutter stöhnte. »Komm, ich erzähle dir eine Geschichte.« –
»Au ja.« Mama erzählte die Geschichte vom schwarzen Schaf auf Wander-
schaft. Die hatte Puschel am liebsten. Und weil er die Geschichte in- und
auswendig kannte, merkte er erst gar nicht, dass die Stimme seiner Mutter
immer leiser wurde. Als die Stelle kam, an der das schwarze Schaf den Angriff
des Habichts erwartet, war seine Mutter plötzlich ganz still, das heißt nicht
ganz – Mama schnarchte leise.

Erstaunt betrachtete Puschel seine schlafende Mutter. Warum war sie denn so müde? Puschel hörte auf ihre tiefen Atemzüge: Hrrch-püh-hrrch-püh-hrrch-püh. Ganz langsam fielen nun auch Puschels Augen zu. Er träumte, dass er mit der ganzen Herde über das große Gatter am Deich sprang. Und die kleine Lili kroch einfach untendurch.

Quellenverzeichnis

Paul Maar:
Jaguar und Neinguar
© Verlag Friedrich Oetinger, Hamburg

Stefanie Kress:
Das kleine Traumschäfchen
Aus: Christa Kempter: Meine liebsten
Gute-Nacht-Geschichten
Illustriert von Sigrid Leberer
© 2010 Esslinger Verlag in der Thienemann-Esslinger
Verlag GmbH, Stuttgart

Annegret Hägele:
Das Sandmännchen auf dem Bauernhof
Aus: Meine liebsten Sandmännchen-Geschichten
Illustriert von Sonja Egger
© 2015 Esslinger Verlag in der Thienemann-Esslinger
Verlag GmbH, Stuttgart

Paul Maar:
Alle Tiere schlafen schon
© Verlag Friedrich Oetinger, Hamburg

Annegret Hägele:
Wer ist das schönste Schäfchen?
Aus: Meine liebsten Sandmännchen-Geschichten
Illustriert von Sonja Egger
© 2015 Esslinger Verlag in der Thienemann-Esslinger
Verlag GmbH, Stuttgart

Christa Kempter:
Schäfchen zählen
Aus: Meine liebsten Gute-Nacht-Geschichten
Illustriert von Sigrid Leberer
© 2010 Esslinger Verlag in der Thienemann-Esslinger
Verlag GmbH, Stuttgart

Christa Kempter:
Das braune Schaf
Aus: Meine liebsten Tiergeschichten
Illustriert von Antje Flad
© 2012 Esslinger Verlag in der Thienemann-Esslinger
Verlag GmbH, Stuttgart

Paul Maar:
Friedlich schlafen kleine Drachen
© Verlag Friedrich Oetinger, Hamburg

Andrea Schomburg:
Wie das Schaf den Schlaf nicht fand
© Fischer Kinder- und Jugendbuch GmbH, Frankfurt
am Main 2017

Franziska Gehm:
10 kleine Schafe – Von 1 bis 10 im Schafumdreh'n
© 2011 Loewe Verlag GmbH, Bindlach